시와 바람나고 싶다

시와 바람나고 싶다

초판 1쇄 인쇄 | 2025년 1월 15일
초판 1쇄 발행 | 2025년 1월 17일

지 은 이 | 이오례
펴 낸 이 | 박세희

펴 낸 곳 | (주) 도서출판 등대지기
등록번호 | 제2013-000075호
등록일자 | 2013년 11월 27일

주 소 | (153-768) 서울시 가산디지털2로 98,
　　　　2동 1110호(가산동 롯데IT캐슬)
대표전화 | (02)853-2010
팩 스 | (02)857-9036
이 메 일 | sehee0505@hanmail.net

편집 디자인 | 박세원

ISBN 979-11-6066-113-2
ⓒ 이오례 2025, Printed in Seoul, Korea
값 12,000원

• 잘못된 책은 바꾸어 드립니다.

시와 바람나고 싶다

이오례 시집

등대지기

| 시인의 말 |

이면지에 시를 꾹꾹 눌러 심었다
심어놓고 보니 시는 보이지 않고
잡초만 무성했다
시를 심은 것이 아니라 종일
잡초를 심었던 것
한 가닥 문장을 살리려고
잡초를 쏙쏙 뽑아냈지만
이면지에 안착을 거부하며
문장은 자꾸만 겉돌았다
답답한 시간은 세상 밖으로
조심스럽게 고개를 내민다.

2025년 1월
이오례

| 차례 |

시인의 말 · 05

제1부

거미집 · 13
궁금한 새 · 14
오리털이불 · 16
버려진 문장 · 17
헐렁해진 숲 · 18
사계四季 · 20
풀꽃의 노래 · 22
안개와 봄 강 · 23
고드름 · 24
낙엽 · 25
2월의 나무 · 26
별꽃, 곰밤부리나물 · 27
그루터기의 힘 · 28
보리밟기 · 29
나무들의 이력서 · 30
치자나무 · 31
파도 · 32
8월의 함성 · 33
가을비 · 34

제2부

새인 듯, 꽃인 듯 · 37
길 위에 수묵화 · 38
첫눈 내리는 날 · 40
제비꽃 · 41
운무 · 42
휘어진 길 · 43
공중에 걸린 정원 · 44
봄비 · 45
늦가을 계곡 · 46
산사에서 · 47
잘려진 나무 · 48
여름밤에 생긴 일 · 49
한탄강에서 · 50
이팝나무꽃 · 52
수박 · 54
여름을 물들이는 꽃 · 55
사춘기 나무 · 56

제3부

연꽃을 보며 · 59
선바위산 어깨 · 60
각 풀다 · 62
봄눈 · 63
바람난 꽃 · 64
파마하는 날 · 66
태풍 · 67
맨드라미 · 68
촛불 · 69
벌초하는 날 · 70
억새 · 72
감 이야기 · 73
등나무와 긴 의자 · 74
우산 · 75
해바라기 · 76
12월 · 77
구부린다는 것은 · 78
겨울나무 · 80

제4부

화단 · 83
눈길 위에서 · 84
길 위에서 떨다 · 86
풀의 소리 · 88
노을 앞에서 · 89
밭머리에서 · 90
고단한 골목 · 92
앵두 · 93
도시의 매미 · 94
툇마루가 슬픈 이유 · 95
가을엔 · 96
틈새의 계절 · 97
구부정한 꽃 · 98
달력 · 100
체중계와 맞서다 · 102
길도 나이를 먹는다 · 104
11월 · 105

해설 허형만 교수 · 107

제1부

거미집

허공 귀퉁이에 팽팽한 원을 세워
끈적끈적 엮어 만든 그물 같은 집이 있다

햇빛에 반사되어 번뜩이는데
거미줄에 달라붙은 마른 잎이 바람에 움찔거린다
허공에 설치된 단단하고 촘촘하게 지은 그물 집은
그들의 생계 수단이다

먹이 찾아 무작정 공중으로 상경한 날벌레들이
발을 헛디딘 것일까
끈적한 그물에 거꾸로 매달린 벌레들의 미라

풀숲이 그리운지 지상을 향한
덫에 걸린 거미의 삶을 바람이 휙 거두어간다.

궁금한 새

베란다 화분에 키 큰 벤자민나무가 숲인 줄 알았
거나
아니면 길을 잃고 헤매던 중이었거나
그 이유 알 수 없지만
열어놓은 베란다 창틀에 기척 없이 날아든 새 한
마리

우리 집을 찾아왔다는 신기함에
좋은 일이 있을 것 같은 예감이 들었다
가만 켜놓은 핸드폰 렌즈 안으로
새 한 마리 재빠르게 들어왔다
언뜻 보기엔 작은 비둘기처럼 보였으나
정확히 모르겠다

핸드폰에 들어왔던 새가 답답했는지
다른 핸드폰으로 성급히 날아갔다
누구는 참새라고 했고
누구는 비둘기라고 했고
또 누군가는 철새라고 단정했다
참새도 비둘기도 아닌 철새가 맞았다

겨우내 핸드폰에 웅크린 채 저장된 철새 한 마리
입춘이 되자 봄기운 속으로 휙 날아갔다.

오리털이불

푹신한 꿈속으로 잠은 깊숙이 들어갔다

어둠 속에 갇힌 수십 마리의 오리들이 겁에 질려
잠 속으로 파고들 때마다 잠은
오리들의 온기를 끌어안고 어미가 되어준다

꿈속에서 잠이 빠져나와 새벽을 툭툭 털어내자
이불 끝에서 오리의 울음이 새어 나왔다
잠시 후, 두어 마리의 깃털이 휙 날아오르더니
바닥으로 힘없이 내려앉는다.

 어둠 속에서 얼마나 답답했으면 탈출을 시도했
을까

수십 마리의 울음이 잦아들 때까지 겨울밤은
오리들의 아픔을 꼭 끌어안기로 했다.

버려진 문장

이면지에 시를 꾹꾹 눌러 심었다
심어놓고 보니 시는 보이지 않고 잡초만 무성했다
시를 심은 게 아니라 종일 잡초를 심었던 것
한 가닥 문장을 살리려고 잡초를 쏙쏙 뽑아냈지만
이면지에 안착을 거부하며 문장은 자꾸만 겉돌았다
답답한 시간은 종일, 꼬깃꼬깃 방바닥에 나뒹군다.

헐렁해진 숲

계절은 나무 몸에 옷을 입혀주면서
바람에 맞춰 신명나게 춤추라 했다
그들은 서로 어깨를 맞대고
자유롭게 몸을 흔들면서
때론 과격하게 양팔을 쭉쭉 뻗어
거대한 숲을 춤으로 가득 메웠다

시간이 지나자 입혔던 옷을 계절이 다시 벗겨갔다
입혔다 벗겼다 계절 맘 대로였다
어깨를 스스로 맞댔던 나무들은
간격이 벌어지면서 헐렁해지고 썰렁해졌다

좋았던 사이는 틈이 생기고
시무룩한 나무들의 표정도 서로 외로워 보였다
외로움을 견디다 보면 숲은,
다시 신명나게 춤출 수 있지만

숫자만 몸에 얹어지는 나의 계절은 점점 헐렁해지고

계절이 반복될수록 시간은 기우뚱거리는데
빈약한 나의 시詩만이라도 신명나게 춤추면서
언어들의 근육이 단단해졌으면…

사계四季

연둣빛이 창문을 두드리며 나를 불러낼 때도
벚꽃이 창문에 가득 피었을 때도
꽃다운 시절이 가슴 흔들어서 은근히 좋았다
사방에서 유혹하는 장미를 라이벌로 생각하는 여자들은
관심 없는 표정으로 스마트폰 속으로 휙 지나간다

오란비* 내리는 날 천둥과 번개를 동원한
섬뜩한 화살비가 창문 앞을 무섭게 지나가는 날이면
놀란 커피는 뜨거운 눈물을 찔끔찔끔 쏟으며
오란비 속으로 눅눅하게 스며들다가
오란비가 물러간 뒤엔 산뜻하고 짙푸른 그림이 교체되고
매미 소리도 여름~여름~여름~
목청을 높이며 더위와 함께 지나간다

나뭇잎 서서히 멍드는 계절이면
서릿바람과 맞서야 하는 화가 난 나무들은

  좀처럼 화를 다독이지 못하고 붉힌 얼굴로 전시회는 이어지고
  붉어진 나무를 감상하다 보면 소심한 생각이 확장되기도 한다

  계절은 또 하얀 백지가 되기도 하고
  나무의 이름들은 앙상한 그림이 되어 기다림을 품고
  묵묵히 추위를 건너간다.

* 장마의 옛말

풀꽃의 노래

수많은 소리가 놓고 간 길
내 발소리도 그 길에 겹친다

동네 뒷길 시끌벅적한 화단엔
사방에 떨어트린 풀씨들의 소리

서로 귀를 맞대고 앞다투어 이름을 개봉한다
제비꽃, 민들레꽃, 토끼풀꽃, 곰밤부리꽃 등등
흔한 이름들이 관심받고 싶었는지
가식 없는 몸짓으로 자유롭게 고백한다

아무데서나 아무렇게 피어도
보면 볼수록 앙증맞은 미소는 화단의 주인공
낮은 자세로 살아가는 끈기 있는 그들은
어디든 안착해도 절대 기죽지 않고
촘촘히 무리지어 감동으로 노래하는 풀꽃.

안개와 봄 강

언 강물이 소소리바람에 꿈틀거린다
봄 가슴을 아리게 훑고 오는 소소리바람은
강 언저리에서 안개를 만난다
스멀스멀 기어온 거대한 안개의 혀는
강물의 입을 틀어막더니
강둑에 이정표처럼 서있는 버드나무도
순식간에 먹어치웠다
봄 강을 통째로 삼킨 안개는, 속이 거북해 보였다
잠시 후, 햇볕이 등을 쓰다듬자
꾸역꾸역 강물을 토해내는 안개의 입
하얀 혀 자국을 스스로 지우면서 서둘러 사라지고
안개에 시달렸던 봄 강은
상처 난 흔적이 보이지 않았다.

고드름

거꾸로 매달려본 적 있는가
매서운 눈물이 서럽게 고이고 고여
뾰족하게 응축된 몸
겨울을 놓아버리고 싶어도
누가 내 몸 건들지 않으면
거꾸로 매달려 겨울을 견뎌야만 한다
꽁꽁 얼어붙은 날이면 봄을 생각한다
봄 가슴에 와락 안기어
응축된 몸 자유롭게 흘러가고 싶다.

낙엽

체온이 떨어질 때마다
힘없이 내려앉는 몸

이미 예감했던 이별이지만
가을비 다녀간 날이면
성성했던 기억 떠올리며
젖은 몸은 더 춥고 무겁습니다

길에 납작 엎드려
켜켜이 쌓여가는 그리움을
사색의 계절이라고 함부로 밟지 마셔요

사색과 낭만은 사치일 뿐
무서리 내린 늦가을 모퉁이엔
많은 사연이 고립되어 우는데

2월의 나무

핼쑥한 허리를 가만히 껴안으면
야윈 몸에서 심장이 뛴다

깔끄러운 가슴에 살짝 귀를 대보면
물소리도 들리고
젖니 밀어내는 혀 굴리는 소리도 들린다

몇 달째 생명을 품고 서서
멈추지 않는 소음과 공해를
온몸으로 받아들이는 너는
오늘도 입덧하는지 살갗이 까칠한데
지금은 찬바람을 조금 더 견뎌야 할 시간

땅속 깊이 너의 발 뿌리는
우듬지까지 힘껏 수분을 흡수시키면서
힘겹게 품고 있는 소리를 끝내는
감동의 문장으로 풋풋하게 보여주겠지.

별꽃, 곰밤부리나물

나무들이 물오른 계절이면
어머니 손엔 어김없이
호미와 곰밤부리나물이 들려있었다

밭이랑에 납작 퍼져있는 흔하디흔한 나물
밭머리에도 덤불 밑에도 볕뉘가 닿는 곳이면
그 어디라도 뿌리 내린 이름

봄내 먹었던 기억 속에 저장된 나물
제초제를 뿌리지 않았던 그땐
방석만 한 게 무더기로 퍼져있는 곰밤부리

자잘한 다섯 잎의 하트모양의 별꽃
어린 시절, 그 많은 별꽃을 봄내 먹었던 것
봄엔 맛있는 나물이었다가 여름엔
밭일하시는 어머니를 힘들게 했던 풀이었다.

이면지를 펼쳐놓고 종일
캤다 심었다 수없이 반복하며 그리움을 다시
이면지에 한 움큼 심는다.

그루터기의 힘

둥근 몸엔 세월이 지워져
몇 살인지 알 수 없지만
어림잡아 스무 해는 넘겼을 것이다

상체는 사라지고 검게 변해버린
보기 흉한 나무의 하체

그쪽 길로 가끔 오가며 지켜보는데
이삼년 쯤 지났을까
죽음을 넘나들며 침묵으로 몸부림쳤을
상체 없는 숯덩이 같은 하체에서
세포들이 간당간당 되살아나는
경이로운 저 생명력!

겉만 보고는 알 수 없듯
세상의 모든 진실은 시간이 지나면
스스로 드러나는 것
아픈 상처 가닥가닥 풀어내는
그루터기의 사연처럼

보리밟기

가을걷이가 끝나고 보리 씨앗을 파종한 논엔
눈이 덮였다 녹았다 반복되는 추위에도
보리의 싹은 얼어 죽지 않았다

이월이면 식구들을 어김없이
논으로 불러내는 아버지

겨우내 얼었던 흙이 녹으면서
들떠 있는 뿌리를 꾹꾹 밟아야만
보리가 살아난다는 아버지의 말씀

꾹꾹 밟아야만 살아나는 보리
그렇게 이모작이 가능했던 축축한 논에서
허리 휘도록 아버지는
자식들을 위해 어려운 시절을 먹여 살렸다.

나무들의 이력서

그들의 이력서를 자세히 훑어보니
이름도 색깔도 그 향기도 다양했다
졸가리마다 샛노란 수줍음과
목련나무에 걸터앉은 창백한 숭어리들
솔수펑이를 뒤덮은 연분홍의 꽃잎은
아홉 살 계집아이 입술을 시퍼렇게 물들인
사연 많은 참꽃의 이력과
수십 년째 축제를 몰고 다니는
벚나무의 이력이 눈에 띄게 화사하다
그리움의 시간이 잡힐 듯 잡히지 않는
첫사랑 같은 순수한 수수꽃다리 등
나무들의 이력은 봄내 퍼져나간다.

치자나무

겨우내 베란다 귀퉁이에 빈둥대던 꽃삽이
순백을 지닌 치자나무를 초대했다
입 꼭 다문 채 초록 틈에 비밀을 달고 온 하얀 꽃망울
흙 서너 삽을 오려낸 큰 화분에
초대했던 치자나무를 조심조심 앉힌다
행여 놀랬을 뿌리를 흙으로 꾹꾹 다독이고
영양제를 솔솔 뿌리며 진정시킨다

나른한 햇볕이 수직으로 내려오는 날
우아하게 발설하는 기분 좋은 달콤한 향기
무뚝뚝한 집안이 환하게 웃는다
삐죽한 꽃삽도 화분 옆에서 입꼬리가 올라간다.

파도

반질반질한 몽돌이 해변에서
소리 쪽으로 몸을 틀고 앉아 있다
안개꽃처럼 몸 부풀리며
덥석 몽돌을 껴안았다 달아나는 파도

몽돌과 파도는 상극처럼 보이지만
아무 때나 달려와 막무가내
비릿한 애정 표현 과감히 드러낸다
스킨십 장면을 보면
물꽃으로 몽돌을 에워싼 통 큰 선심

돌의 체형이 변하는 건, 수천 년 동안
파도 꽃 사래로 매끈한 몸이 되어간다는 것
몽돌에 단련된 주체할 수 없이 솟구치는
탄력 받은 저 힘

바다가 직장인 파도는 종일 풀가동이다
그 깊이를 잴 수 없는 짙푸름
파도는 제 몸 부서지는 줄도 모르고
하얀 물꽃 해변으로 무섭게 밀어 올린다.

8월의 함성

따가운 여름을 꽃 머리에 얹고
수십 년을 울다가 지쳤으리라
지금은 당당하게 웃고 있는 무궁화는
그날의 만세 소리와 함성을 기억할 것이다

고귀한 희생으로 이 땅을 품은
바람에 휘날리는 태극기는
자유로운 8월의 창공에서
그날의 아픔과 함성을 되새기며
남몰래 우신다

고귀한 희생이 있었기에
평화로운 이 땅에서 지금 우리는
꽃길을 걸으며 살고 있지 않은가

바람에 기쁨을 품고
고귀한 나라 사랑 태극기와 무궁화는
영원히 빛낼 태양 같아라.

가을비

처연한 눈물로
나무에게 줄줄 고백하는 가을비
시퍼런 자존심도
그 고백 서서히 받아주겠지
오늘은 더 많은 눈물로 더 처연하게
주룩주룩 나뭇잎에 사연 써 내려가더니
가을비의 고백이 통했는지
나무들의 얼굴이 점점 붉어지네!

제2부

새인 듯, 꽃인 듯
– 하얀 목련

자고 나면 굵직한 하얀 알을
수백 개씩 품고 있는 고요한 나무
온몸으로 수분을 빨아올리는 어미는
부화되기만을 애타게 기다린다

봄 밤, 잔뜩 웅크린 채 잠을 설치더니
나뭇가지마다 꿈틀꿈틀 봄볕에 부화되는
새인 듯, 꽃인 듯,
새하얀 몸 일제히 펼치는 꽃들의 날개

높다란 나무에 다닥다닥 앉아있는 새들은
소리가 없다

거대한 어미의 몸을 사뿐히 들어올리는
저 만개한 꽃!

길 위의 수묵화

콘크리트 바닥에
선명하게 펼쳐진 수묵화 한 점
형식 없이 자유롭게 그려져 있다
가만 들여다보니
꽃 그림도 있고 눈물방울도 있다
농담濃淡 색이 연했다가
점점 진해지는 독특한 그림
순수한 그림의 주인공은
벚나무가 흘린 눈물이었다

꽃잎 떠나보낸 자리에
먹물 둥글게 채워가며 아픔을 간직한 것일까
벚나무가 아픈 멍울 떨어트릴 때마다
무심코 지나가는 신발들은 붓이 되었던 것

화려했던 기억을 표시해 둔 것일까
잘록해진 유월의 발등 위에
먹물 같은 눈물 툭 툭 터트리는 벚나무는
수묵화 그림을 종일 덧칠한다

길의 혀도 어느새 거뭇거뭇 물들어가고
길은 어린 날의 기억을 더듬는 중이다.

첫눈 내리는 날

그리움의 기억이 하얗게 내려오는 날
마음을 열고 추억을 어루만지면
그날의 노래가 잔잔히 다가오네

두 손을 허공에 가만히 내밀면
손등에 써 내려간 무채색의 글씨
닫혀있던 추억이 사르르 문을 열고 걸어오고

첫눈은 그렇게 그리움으로 왔다가
보고 싶은 이름으로 다시 피어나는데…

제비꽃

잔디밭에 으밀아밀 둘러앉은 제비들
거기가 제집인 듯 고향 집 처마인 듯
연보라 목젖을 내보이며 입을 쩍쩍 벌리고
목 아프게 먹이를 기다리는 어린 제비, 제비꽃

장에 가신 어머니를 애타게 기다리는
가난했던 어린 날의 숨소리 들려오고
봄볕에 입 벌리고 앉아 있는
여린 제비꽃을 찬찬히 들여다보았다

십 남매의 눈물이 꽃으로 피어났을까

논틀밭틀 어디라도 가리지 않고
털썩 주저앉아 떼를 쓰며 울었던
여섯 살 남동생의 삐죽이는 입처럼
봄 햇살에 노출된 내 유년을 기억이라도 하는지
오밀조밀 둘러앉은 우리 십 남매 닮은 꽃.

운무

아침에 일어난 산이 잠을 설쳤는지
침침하고 푸른빛이 없다

밤새 산을 노리고 도사렸던 거대한 운무
아침을 기다렸다는 듯 스멀스멀
산자락을 덮치더니 제 몸집보다 더 큰
산 몇 채를 순식간에 삼키고 있었다

기막힌 풍광 앞에
커피 든 여자들이 환호를 보내자
눈치 챈 운무는 흐물흐물 허물을 벗듯
굴곡진 산덩이를 서서히 제자리에 뱉어놓고
아쉬운 듯 또 보자는 듯
컬컬한 연기 스스로 흡수하며
느물느물 산속으로 사라졌다.

휘어진 길

장담하는 말은 하지 말아야 했어
자신만만하게 장담했던 말, 말,
영원히 건강할 줄 알고 건방지게
건강관리를 무시한 거지
몸에서 들리는 소리만큼
약봉지는 늘어나고…
길은, 수많은 관절염을 안고 오늘도
( )라는 부호를 길 위에 그리며 간다
천천히 괄호를 지탱하며 걸어가는 길, 길들
흘림체로 연결하는 엉거주춤한 ( )의 뒷모습
휘어져 삐거덕거리는 마모되는 소리.

공중에 걸린 정원

잎들이 허공을 덧대던 계절엔 잘 보이지 않았다
나무가 잎을 다 지우고 난 후에야
나목 우듬지에
거칠게 엮어 지은 축구공만 한 까치둥지

혼자는 외로워 나무마다
듬성듬성 마을을 형성했을까
아무렇게 뭉쳐있어 엉성해 보이지만
그들만의 안전지대인 기막힌 건축설계 법

 누구도 넘보지 못하게 지상과 허공 사이의 거리
는
 어림잡아 10층 높이는 되겠다
 공중에서만 가족을 부양해야 살아갈 수 있다는
것을
 알을 깨고 나올 때부터 터득했으리라

 지상에서 일어나는 일들은 아무 관심 없다는 듯
 나뭇가지에 여유롭게 앉아있는 경쾌한 소리
 리듬 타는 잔가지도 유연하게 몸을 흔든다.

봄비

큰 소리로 내려오면 행여, 꽃망울 다칠까 봐
미안하다는 소리로 조용히 내리는 봄비
씨앗을 감싼 캄캄한 흙속으로 깊숙이 스며든 봄비는
어머니 눈물을 닮았다
소리 없는 신음으로 눈물과 땀으로
들밭에 씨앗을 뿌리고 가꾸어 자식을 키워냈던
어머니가 그랬던 것처럼 봄비는 그렇게
흙속으로 조용히 스며들어
모든 생명을 자식처럼 키워낸다.

늦가을 계곡

음산한 늦가을
차곡차곡 포개진 단풍잎이
계곡을 통과하지 못하고 돌 틈에 끼어
붉은 계절을 지우고 있다

운 좋은 낙엽은
커다란 돌에 몸을 부딪쳤다가
다시 물살을 타고
아슬아슬 계절을 빠져나가는데

계곡에 갇혀있는 단풍잎들은
빛바랜 슬픔을
한 잎 한 잎 저장하고 있겠지.

산사에서

소원을 안고 말 못 할 근심 안고
묵언으로 머무는 산사 앞마당엔
사연의 무게 알 수 없는
간절한 가슴들이 있다

소원이 이루어진다는
가파른 마애석불로 가는 길엔
고요 속에 정갈히 매단 염원의 꽃등이
공손히 길을 내려다보며 안내하는데
숨소리도 잠시 쉬었다 간다

눈썹바위 앞에 서면
삶의 껍질 한 겹씩 벗겨지듯
시간의 문은 서서히 열리고
마애불 앞에 지그시 눈 감은 사연들
겸손히 모은 염원의 손 간절하다

근심 있는 중생들은 오늘도
밤이 깨어날 때까지
산사 앞마당을 고요히 서성이리라.

잘려진 나무

나무가 있는 길이면 무조건 좋았다
그래서 그 길이 자꾸만 걷고 싶은 것이다
나뭇가지가 제멋대로 뻗어
허공이 혼잡한 나무일수록 계절이 바뀔 때면
그 운치를 올려다보며 생각을 조율하곤 했다

이월 어느 날
커다란 나무가 뭉텅뭉텅 잘려 나갔다
몸통만 일렬로 서 있는 상처 입은 나무
쓰라린 생살이 훤히 보인다

잘려 나간 나뭇가지엔
까치집도 철거된 것이다
잠시 외출 나갔던 까치들이 돌아오면
집 찾느라 목 아프게 울겠다
철거된 까치집도 잘려 나간 아픔도
새살이 돋고 제 모습 찾으려면 몇 년은 걸리겠다

장승이 서 있는 듯 섬뜩한 길
상처 난 나무가 휑하니 아파 보이는 계절이다.

여름밤에 생긴 일

어둠을 깔고 잠에 들라치면
사정없이 콕콕 잠을 물어뜯는 침입자

밤을 설친 손바닥이
잠의 얼굴을 탁탁 때린다
화가 난 잠이 벌떡 일어나
급하게 에프킬라에 신호를 보낸다

치~익 치~익
맹렬하게 내뿜는 에프킬라의 독한 저 입김
잠을 물어뜯은 침입자의 혹독한 죗값이
바닥에 벌러덩 뒤집힌다

밤은 다시
화가 난 잠을 고요히 가라앉힌다.

한탄강에서

물바람은 강 언저리 돌아 침묵을 깨운다

강 언덕을 붙잡고
함초롬히 노래하는 애잔한 풀꽃
한탄강에서는 나무도 풀꽃도
그리고 새소리와 물소리까지도
이 모든 소리가 아픔이고 그리움이다

이산의 아픔이 퍼렇게 희석되어 흐르는 강물은
강 가슴에 묻어둔 갈망의 시간
밤새, 붙들고 싶었을 게다

물바람이 실어온 그리움이 강가에 기웃거리면
붙잡고 싶어도 잡히지 않는 속울음의 한탄강
한 서린 물살로 한풀이한 듯
강 옆구리에 서럽게 부딪친 울음의 흔적처럼
쩍쩍 갈라진 아찔한 절리

굽이굽이 아픈 사연 안고
이산의 응어리를 퍼렇게 풀어헤치며
그리움으로만 애타게 흘러가는 한탄강이여.

이팝나무꽃

수북수북 나무에 얹어있는
새하얀 숭어리들
밥그릇에 꾹꾹 눌러 담은 하얀 쌀밥 같다

쌀밥이 귀했던 그 옛날
이팝나무꽃이 하얀 쌀밥 같다며
꽃잎을 실컷 따먹었다는
전설속의 슬픈 주인공은
봄이 되면 어김없이 등장 한다

몸이 부풀어 올라도
꽃밥을 쉬이 내려놓지 못하는 이팝나무

하얀 고봉밥을 기웃대는 바람의 손은
종일, 꽃 틈을 들락거리며
포슬포슬한 꽃밥을 슬쩍슬쩍 퍼간다

슬프도록 새하얀 이팝나무 그늘에 서 있으면
전설속의 주인공은 꽃으로 아른거리는데

그 허기진 눈물, 한이 되어
쌀밥 닮은 새하얀 꽃으로 피어난 것일까

수박

짙푸른 옷을 입고 둥글고 단단한
반질반질한 몸을 가진 나는
누가 상대 해주지 않으면
속내를 절대 드러내지 않는다

몸무게가 무거울수록 탐내는 손길은
옆구리를 돌려가며 퉁퉁 북소리가 들린 후에야
내 몸값이 책정된다

속이 알차게 잘 익었다는 소리에 나는
큼직하게 쩍 쩍 웃는다

폭염이 목을 바짝바짝 죄어올 때
누군가를 위해 갈증 해소가 된다면
쟁반 위에 핏빛 되어 엎어져도 좋으리
빙 둘러앉아 다디단 소리가 밖으로 퍼져나간다면
여름내, 북처럼 맞아도 좋으리.

여름을 물들이는 꽃

흙담집 마당에
모기 연기 매콤하게 퍼지면
봉숭아 꽃잎을 한 움큼 따와
백반을 넣고 꾹꾹 찧어
손톱에 정성껏 우정을 묶는다

친구와 웃음을 마주하고
실로 친친 손가락을 감아줄 때마다
우리의 우정도 단단해졌다

시원한 멍석위에 누워
별들이 손톱을 지키는 동안
깔깔 웃던 여름밤은
그렇게 순수로 물들어갔지

여름이면, 도심 속 화단에
우정을 안고 피어있는 봉숭아꽃
곱디고운 자태로 여름내 추억을 물들이는가.

사춘기 나무

억센 바람도 봄 앞에선
온아하고 나긋나긋해진다
보드라운 바람이 나무의 몸을 스칠 때마다
푸릇한 물집이 얼굴에 톡 톡 번지면서
예민해져 잠을 뒤척이는 나무
꼭 다문 비밀을 수줍게 간직한
아직 개봉하지 않은 궁금한 편지는
때가 되면 고백하겠다고 약속한
풋풋하게 물오른 들뜬 표정 좀 봐
봄 앓이를 겪어야만 더 예뻐지고
몸집도 커지는 사춘기 나무
봄이 되면 더 곱고 화사하게 철들어간다.

제3부

연꽃을 보며

탁한 진흙물에 온아한 마음을 열어
청아하게 웃고 있는 고고한 모습
그 자태를 보려고 사방에서 달려온 발걸음은
한자리에 모여 웅성거린다

간격을 조절한 후
마치 대담이라도 하듯
공손하게 마주한 카메라 렌즈

질퍽하고 캄캄한 진흙 속에서
어떻게 견뎌냈고 어떻게 탈출했냐는
궁금한 질문들이 찰각찰각 빗발친다

여름이 보낸 신호를 재빠르게 알아차리고
푸른 줄기 붙잡고 필사적으로 탈출했다며
청아하게 웃어 보이는 우아한 꽃.

선바위산 어깨

구불구불 품은 선바위산 허리를 지나
산 어깨에 우뚝 터 잡은
미녀와 야수가 사는 집에 초대받았다

울타리 대신 대문을 지키고 있는 꽃들은
오가는 발길을 막진 못했다

마당 가 열댓 그루 작은 사과나무는
푸른 몸 주렁주렁 매달고
청정 소음을 먹고 있었다

선바위산에 근무하는 해가 서둘러 퇴근하자
배꼽을 드러낸 영월의 밤하늘이
가닥가닥 연결된 인연을 데리고 나타났다

셀 수 없는 사연들을 끌어안고
스스로 빛을 뿜어내며
찬란하게 어우러지는데
 유년의 별들과 도시의 별들이 이곳에 전부 모였
을까

몇 년째 웃음을 잃은 얼굴들은
산 어깨에 밤을 기대고 늦도록 별을 세며
몇 년 치 웃음을 한꺼번에 쏟아내는데
선바위산 웃음도 쩌렁쩌렁 마당까지 내려왔다.

각 풀다

작은 골목시장 귀퉁이엔 종일
각진 모서리가 더디게 풀리고 있다
지역의 특산물을 소비한 박스들이
등 굽은 시간 앞에 힘겹게 쌓여간다
골목시장에서 내놓은 크고 작은 상자들
하루도 거르지 않고
수거해 가는 할머니의 고된 노동
고단한 손수레엔 오늘도
산더미 같은 노동이 삐뚤삐뚤 포개진다.

봄눈

높이 솟은 거대한 츠렁바위 아래
고요한 나무들 표정에선 초점이 보이지 않았다
건조한 숲에서 서로의 감각으로만 짐작했으리라
간밤, 보드라운 봄눈이 찾아와
아직 채 뜨지 못한 나무의 눈에
하얀 안약을 살짝 넣어주자
나무의 초점이 서서히 살아나고
건조했던 숲의 가슴도 두근두근 뛰는 소리가 난다
딱딱하게 굳어있는 까칠한 츠렁바위 얼굴도
설렘으로 촉촉하다.

바람난 꽃

어느 봄날
바람난 여자를 만나러 화야산으로 갔다
바위틈에 나무 틈에 앙증맞은 자세로
고개를 푹 숙인 채
얼굴은 절대로 보여주지 않았다
궁금하면 엎드려 보라는 식이다
오기가 생긴 나는 그녀 얼굴을 보려고
산 바닥에 납작 엎드렸다
얼굴에 새겨진 W자형의 무늬가 놀라웠다

산바람에 뒤집혔는지
과감하게 젖혀진 여섯 폭의 보랏빛 치마는
사람 마음을 묘하게 홀렸다
요염한 자태는 당당하다는 것
그녀의 꽃말은 바람난 여인이다

그렇다
좋아하는 것에 미치면 누구나 바람이 난다
얼레지꽃이 산과 바람이 났다면
나도 詩와 바람나고 싶다

그녀를 처음 본 그날을 잊지 못한다
바람난 여인, 화야산 얼레지꽃을

파마하는 날

부스스한 머리가 미용실로 향한다
큰맘 먹고 머리에 시간을 내어준 오늘은
파마하는 날
풀어지고 늘어진 V자 형태의 머리
늘어진 기분이 보기 좋게 올라가고
생기 도는 머리는 내 뒤에서
V 하고 탱글탱글 웃는다.

태풍

태풍의 손아귀에 질질 끌려가는 무성한 잎들
덩치 큰 나무도 온몸으로 버텨보지만
누구도 어쩌지 못한다

닥치는 대로 부수고 쓰러뜨리고 떨어트리는
험악한 습관은 쉽게 버리지 못하므로
그래서 불안하고 무서운 것
태풍이 휘두르고 간 자리엔
상처투성인 채로 나뒹군다

속수무책으로 당해야 하는 약자
누가 봐도 엄연한 갑질이다
힘없는 사물들은 태풍의 화풀이 대상으로
불안에 떨어야 한다

사나운 태풍이 갑질하는 시기엔
모든 대상은 그들의 표적이다
멍들고 뜯긴 상처 입은 피해자가 된다.

맨드라미

서로 영역을 차지하려는 화려한 기싸움이
관리소 옆 화단에서 여름내 이어졌다

요즘 보기 드문 귀한 광경이라며
오가는 시선들은 한마디씩 던진다

핏대를 세우고 눈 부릅뜬 붉디붉은 저 자존심
수탉처럼 까칠한 볏을 빳빳이 세운 불같은 오기는
심판을 보는 강렬한 태양도 어쩌지 못한다

톱니처럼 날카롭게 열 받은 붉은 계관화鷄冠花
몇 달째 꺾이지 않던 자존심이
서릿바람 앞에선 그만 고개를 숙일 수밖에

촛불

모두의 안녕을 기원하며
자신을 불태워 환하게 밤을 밝히는
그녀 앞에선 누구나
겸손하게 고개를 숙인다

험한 세상에
치열해야만 살아갈 수 있는
자식 걱정에
늘 조바심 하셨던 어머니

꿈자리가 뒤숭숭할 땐
어김없이 밤을 밝히고 촛불 앞에서
두 손 모아 간절히 빌고 또 비는
당신의 뒷모습

자식을 위해서라면 어머니는
촛불 앞에 수없이 무릎을 꿇으셨다.

벌초하는 날

초록 모자가 답답하다고 자식들을 부르신다
일 년에 한 번
부모님을 뵈러 가는 날은 설레는 날이다

야트막한 산 아래 적막으로 가득 찬
오래전에 터 잡은 부모님이 잠들어 계신 곳
눈치 없는 잡초들이 주인인 양
겁 없이 바람과 춤추고 있었다

거칠게 씌워놓은 무성한 풀 모자를
아홉 남매가 벗겨드려야 할 시간이다

제초기 두 대가 휘발유 냄새를 풍기며
시동을 거는 오빠와 남동생
풀숲에 가려져 제초기에 뭉텅뭉텅 잘려나간
키 작은 철쭉나무와 황금측백나무
유난히 꽃을 좋아했던 어머니가 노여워하겠다

다행히 뿌리는 그대로 있어
봄이 되면 꿋꿋이 일어나 꽃을 피우겠지

아픔을 겪었던 우리 아홉 남매처럼…

무성한 풀 모자를 정성껏 벗겨드리자
이제 신작로가 훤히 보인다며
부모님이 시원하게 웃고 계셨다.

억새

가을 문이 열리면
춤을 갈망하는 주인공이 있다

소슬바람에 몸을 맡긴 채
바람이 이끄는 대로
유연한 몸에 현란한 율동은
가을 아니면 춤 출수 없다는 듯
가을 아니면 기회가 오지 않는다는 듯
온몸 휘도록 미친 듯이 흔드는 그녀

수분이 증발하는 줄도 모르고
생이 다하는 줄도 까맣게 잊고

해가 넘어갈 때까지
코숭이 끝자락에서 가녈가녈
곡선이 애잔한 그녀의 춤.

감 이야기

가을이면 어김없이 감을 깎아
매끈한 싸릿가지에 끼우시는 할머니

바람이 잘 드는 처마 밑에
감을 조랑조랑 매달아 놓으면
서릿바람은 잔뜩 웅크린 채
처마 밑을 종일 넘나들었다

남아있는 못난이 감은 항아리에
볏짚과 감을 켜켜이 얹고
대청마루 귀퉁이에 고이 앉힌다

겨울이면 홍시와 곶감을 빙 둘러앉아
맛있게 웃었던 다디단 내 유년의 기억

가을날, 도심 속에 서 있는
축축 늘어진 감나무를 올려다보았다
유년의 기억이 주렁주렁 웃는다
할머니 말씀이 노랗게 깊어간다.

등나무와 긴 의자

얼마나 힘든 길을 걸어왔으면
온몸이 저리 뒤틀리고 휘어졌을까
앙상한 뼈대만 드러내면서도
긴 의자만 수년째 바라보고 있는 등나무
등나무와 긴 의자는 부모와 자식 같다

술에 취해 가눌 수 없는 남자의 몸을
덥석 부축하여 눕히는 자상한 의자

남자의 시간은 밤이다
의자와 한 몸이 된 꽃잠
꿈속에서 길을 헤매고 있을 저 남자

우산

팽창하게 몸을 펴서 방어해 보지만
이유 없이 우산 머리를 툭툭 친다
툭툭 쳐도 아무 반응이 없자

느닷없이 바람을 동반한 폭력적인 작달비는
우산의 등을 더 세게 때린다
저항 한 번 못하고 아픔을 견디다 결국
등살이 틀어지고 등뼈가 부러져 상처투성이다

길을 가다 갑자기 공포가 끼어들고
으슥한 골목에서 이유 없이
폭력이 날아드는 무서운 세상
저항하기에 역부족인 힘없는 우산은
돌변한 공포가 무섭고 두려웠을 것이다
아주 아팠을 것이다

무섭게 비가 찾아오는 날이면
웅크렸던 긴장이 서서히 풀리고
뼈아팠던 충격은 더 단단해진 우산
다시, 통 크게 원을 넓힌다.

해바라기

아파트 뒤 켠, 화단 한 가운데
달덩이 같은 얼굴을 보았다

긴 목 내밀고 햇귀 쪽만 바라보는 여자
가만 보니 그리움에 젖어 서성인다

초가을이 되자 달덩이 같은 모습은 사라지고
까맣게 타버린 가슴 부여잡고
누군가를 연모하다 야위어가는 그녀
지친 기색이 역력하다

가슴 타들어가는 줄도 모르고
기다림에 지쳐 늙어가는 줄도 모르고
가슴엔 그리움의 사리들이 아픔 되어
새까맣게 박혀있는 여자

12월

웃고 울었던 날들을 묵묵히 기록하며
쉼 없이 달려온 고딕체 숫자들

선명하게 기억하는
아찔하고 안타까운 아수라장 같은
크고 작은 날카로운 사건 사고

이제, 이십 일 후면
역사 속으로 들어갈 운명이기에
물끄러미 바라보는 달력의 눈
기운 없는 숫자가 쓸쓸해 보인다

잊지 못할 그날들을 고스란히 숫자에 묻고
기쁨과 슬픔을 접어야 할 때가 왔다고
세상에 알리는 12월

거미처럼 바짝 벽에 붙어 잘 견뎌왔다
긴장이 풀리고 한기가 드는 외로움 한 장.

구부린다는 것은

쓸고 나면 쌓이고 쓸고 나면 또 쌓이는
낙엽들의 반란

나무 위를 올려다보니
다닥다닥 붙은 갈색 잎들이
지상으로 내려오고 싶다고 아우성이다

낙엽을 쓸고 있는 관리원을 향해 넌즈시 말을 건넸다
'나뭇잎이 한꺼번에 다 떨어지면
고생을 덜 하실 텐데요 라고...'
'한꺼번에 떨어지면 우리도 좋지요, 허허'

그 웃음은 행복한 웃음이었다

계절이 떨어트린 낙엽을 보면
낭만적이라고 말하지만
누군가는 쉴 새 없이 허리를 구부려야만 한다

허리를 구부린다는 것은 건강하다는 것
지금 내 허리는 자유롭지 않다

잠시 나는, 그리운 아버지를 떠 올린다
새벽에 일어나 마당을 쓸고 소의 등을 빗질하고
헛기침으로 가족을 깨우고, 들로 출근 하시어
쉴 틈 없이 논밭에서 허리를 구부리고
평생을 일만 하신 그리운 아버지를 생각한다.

겨울나무

앙상한 어깨에 눈바람 스며든다고
춥다거나 움추려들지 않는다
횅한 가슴 굳게 닫고
발밑에서 힘껏 수분을 끓어올려
감각 잃은 벌레퉁이* 부분을 되돌리고 싶다
한때는 풍만한 몸으로 서 있으면
내 그림자 위로 많은 소리가 다녀갔다
모든 것 다 내어준 허전한 시간이지만
비워내야 다시 채워진다는 것을
지금은 마른 가슴 확장할 불땀머리**
밑그림을 묵묵히 구상 중이다.

* 벌레가 먹어 나무에 섞은 부분
** 나무가 남쪽으로 향하여 자라 햇볕을 많이 받아 불땀
이 좋은 부분

제4부

화단

입춘이 지나자
추운 바람도 다소곳해지고
흙문을 닫아건 화단에서
여린 풀잎이 하나둘 기척을 한다
화단에 납작하게 퍼진 자잘한 풀꽃
건조했던 흙이 생기가 돌면서 생긋 웃는다.

눈길 위에서

눈길을 걸어갈 때마다
사각사각 그리움이 따라온다

근심 걱정을 모르고 살았던
철없던 시절이 눈길 위에서
내 발목을 잡고 깔깔댔다

그래 오늘만큼은 내려라, 눈아!
펑펑 쏟아져라
펑펑 쏟아져서
이 어수선하고 탁한 세상을
잠시나마 덮어버려라
누구나 평등할 수 있게…

펑펑 눈이 쌓이면
가난한 마음도 풍요해지고
급한 시간도 느슨해서 좋으리

오후가 되자
사방에서 튀어나온 자동차들이 결국

풍요의 시간을 급하게 지워버리더니
길은 다시 치열한 본색을 드러냈다.

길 위에서 떨다

언어와 부딪는 우울한 시간을 데리고
험한 벼랑 위를 아슬아슬 걷는다
외줄 타는 곡예사처럼…

산과 산 사이에 아찔하게 놓인
무주탑 다리 위에서
낭떠러지 벼랑 끝을 내려다보는데

소리는 기겁하고
놀란 길은 심하게 출렁거리는데
사방에서 아악 소리에
무뚝뚝한 감악산*도 심장이 철렁했다

아직 펴지 못한
내 안에 웅크리고 있는 불안한 시도
놀란 소리에 긴장이 덜컥 내려앉고
시의 간도 콩알만 해졌다

흔들리는 벼랑 위에서 나는
보잘것없는 콩알만 한 시를 붙잡고 싶었다
아니, 절대 놓치고 싶지 않았다.

* 경기도 파주시 적성면

풀의 소리

느닷없이 쳐들어와
영역을 벌거벗기는 것은 너무 모욕적이에요

풀꽃이 예쁘다고 앙증맞다고
찰칵찰칵 카메라에 담아가더니
제멋대로 자라난 짙푸른 잎이라 하여
무서운 굉음을 내며 민둥산처럼 밀어버리면
보기 흉한 자리, 사람들은 관심도 두지 않아요

화창한 날이라고 사람들은 좋아하지만
감쪽같이 사라진 답답한 우리 이름들은
한동안 우울할거예요

휑한 언저리에서
유난히 풀냄새가 진동한 이유는 아직도
우리들의 눈물이 채 마르지 않았기 때문이어요

다시 또, 풀 깎는 소리가 들리거든 그땐
풀들의 울음 섞인 소리라고 여겨주세요.

노을 앞에서

해 질 무렵이면 그는, 사랑에 빠졌는지
붉게 달아올라 열광의 도가니다
수평선과 맞닿은 가슴과 가슴에
사랑의 불꽃 활활 지피는 저 힘은
과연 어디서 나오는 걸까

가슴에 불을 켜고 치열하게 살아왔을
노을 길 걸어가는 모든 이름에
그동안 수고 했다고 주는 혜택
선물이라고나 할까, 보상이라고나 할까
반갑지 않은 서글픈 선물일 것이다

숨 가쁘게 노을 역에 다다른 나는
텅 빈 마음 한쪽을 다독이며
애타게 담고 또 담아 봐도
좀처럼 채워지지 않는 시의 공허

노을 길에서 신들린 듯 미친 듯
시와 한 몸이 되어 유연하게 뒹굴고 싶다.

밭머리에서

밭두렁을 점령한 호박넝쿨들
호박잎 사이사이
그리움의 이야기가 정겹게 피어있다

할머니 품인 양 노란 꽃잎에 날아와
투정 부리듯 보채는 꿀벌들
손자처럼 끌어안고 종일 심심할 틈이 없겠다

진한 모성애를 느끼듯 밭머리엔
할머니의 분신들이 둥글 삐딱 떼라도 쓰는지
제멋대로 앉아있는데
칭얼대는 허기진 소리만 들린다

잎 하나 씨 한 알 버릴 게 없다고
쓸모 있는 존재라며 할머니는
호박 탯줄을 뚝 뚝 자른다
목구멍이 포도청이여!
주름이 선명할수록 더 단단하고
속이 꽉 찬 거라며…

가을 밭머리엔 할머니의 야윈 그리움이
구부정한 밭두렁을 둥글둥글 품고 있다.

고단한 골목

종이상자 한 장 펴놓고
짐짝처럼 부려진 휜 허리가
마모되는 세월을 온몸으로 지탱한다

농산물 그림을 앞뒤로 훑어보고
덩치 큰 종이박스를 더디게 압축한다
휘어진 통증이 밀려오는 줄도 모르고
손에 군살이 박힌 줄도 모르고

한결 같이 빈 종이박스를 모아주는
골목시장 상인들은 안다

종일 할머니를 힘들게 하는
빳빳이 날 서 있는 상자 상자들
한 끼 따듯한 밥이 된다고 생각하면
마음이 짠하다

오후 세 시가 되자
낡은 손수레엔 고된 노동이 삐죽삐죽 묶여
아픈 골목이 자꾸만 휘어지는데

앵두

바람이 화창한 초여름 날
인근 유치원 아이들이
동네 화단으로 나들이 나왔다

빨갛게 익어가는 앵두나무를 가리키며
앵두 앵두 반복하며 또박또박 선생님이 알려주자
귀여운 목소리가 급하게 튀어나온다

나무가 모자 썼어요 라고
고사리 같은 손으로 앵두를 가리킨다

아이는 빨간 앵두를 빨간 모자로 본 것이다
다섯 살 박이 아이가 은유를 발견하다니
정말 놀라웠다

다닥다닥 붙어있는 앵두는 기분이 좋은지
아이들을 향해 붉게 웃는다.

도시의 매미 2

자신을 드러내는 시대라고 하지만
짝이 없어 서둘러야 한다지만
구애求愛를 저리 요란하게 하다니
참으로 민망스럽다

종일 구애求愛해도 응답이 없자
여름이 무너질 것 같은 격한 구애소리는
밤까지 이어져 어둠을 뚫을 기세다

다소곳한 상대가 사뿐사뿐 다가오다가도
기겁하고 슬쩍 되돌아가겠다
격한 소리가 두려워서
조곤조곤한 소리가 아니어서

오늘따라 유난히
하루가 찢어질 것 같은 저 소리
저들의 고민은 언제쯤 잦아들 것인가.

툇마루가 슬픈 이유

봄볕이 들어오는 낡은 툇마루에
다 닳은 숟가락은 봄내
아린 감자 등을 벗긴다

바람세 가시지 않는 이른 봄
해는 한 눈금씩 길어지는데
시장기 도는 아버지를 위해 할머니는
보리 순 솎아다 된장국 끓이고
봄나물 캐와 아버지 밥상 위에 올리시며
보리 익을 때를 기다린다

다음 해의 봄, 할머니는
해가 산등성을 넘을 무렵
노을 따라가 영원히 돌아오지 못했다

봄이면 낡은 툇마루에
할머니의 음성이 봄볕타고 내려온다.

가을엔

소슬바람 으스스할 때면 나무들은
제 몸 타드는 아픔을 스스로 견뎌낸다

다닥다닥 매달려 슬프게 드러내는
그들만의 노을 같은 암호

길 위에 나뒹구는 붉은 암호들이
바람에 도르르 접힐 때마다
그 기척에 놀란 나무들은
다시 또 와스스 가슴이 내려앉고
앙상해진 몸은 한없이 쓸쓸해 보인다

비워내는 것은 나무들만이 아니다

내 안에 저장된 그리움들이 하나씩 삭제되고
노을 앞에 서 있는 내 가슴도 빈들이 된다,

틈새의 계절

계절이 또 다른 계절로 옮길 무렵
이동하는 바람살의 온도는
거리에 옷차림도 변덕으로 이끈다

계절이 건너갈 때 그 사이를
틈새 계절이라고 하자

겨울과 봄 사이, 여름과 가을 사이
그리고 가을과 겨울 사이에 끼어든, 틈새
그 틈새에서 새어 나온
냉기와 온기가 머물렀다가는 사이

남편과 벌어진 틈새의 온도는
과연 몇 도나 될까
등바람 쌩 하니 냉기가 심한 걸 보면
아마, $0°$는 되겠다.

구부정한 꽃

꽃들이 만발한 아파트 화단 앞
조촘조촘 몸의 중심은 지팡이를 의지한 채
호요~ 하고 몇 발짝 걷다가
다시 호요~
불편한 몸으로 천천히 걸어가는 할머니

아파트 화단 앞을 지나는데
돌아가다 멈추고 돌아가다 다시 멈추는
작동이 원활하지 않은 기계처럼
여러 번 반복되는 녹슨 소리는
땅으로 힘겹게 떨어진다

꽃밭에서 이탈한 하얀 나비 한 마리
할머니 등에 슬쩍 다가와 앉을까 말까 하다가
다시 꽃밭 쪽으로 사뿐히 몸을 튼다
할머니 등이 꽃밭인 줄 알았다가
향기가 없다는 걸 알아차린 모양이다

통증에 신경을 곤두세운 할머니
나비엔 관심도 없다

화사한 꽃을 입은 구부정한 소리는
지팡이에 힘을 준 채
연거푸 호요~ 바람을 숨차게 밀어내며
햇귀 가려진 무성한 등나무 쪽으로
싸목싸목 걸어가신다.

달력

숫자를 욕심껏 몸에 새긴 그가
벽에 바싹 밀착한 채 흔들흔들 빈둥대다가도
모든 이의 일상을 낱낱이 체크한다

몸에 붙은 숫자가 거추장스럽다고
열두 번 나누어
매몰차게 세상 밖으로 밀어낼 때마다
숫자에 맞춰 사람들은
소중한 하루하루를 치열하게 살아간다

그가 맨 끝으로 시든 숫자를 밀어내고
새로운 숫자가 밀려오는 날
각자 주어진 몫이라서 우리는
온몸으로 숫자 하나씩 받아먹는다

제멋대로 계절을 이동시키고
제멋대로 짐 덩이 하나씩
우리 몸에 덜컥 얹어놓는 달력의 힘

그와는 쓸쓸한 사이기도 하지만
밀접한 관계라서 끝까지 체크하며 가야 한다.

체중계와 맞서다

나만 보면 버럭 화를 내는 숫자
눈을 휘둥그레 뜨고 한심하다는 듯 빤히 쳐다본다

네모난 너의 등위에
조심스럽게 몸을 올렸을 뿐인데
작은 가슴을 압박했다면 다 내 탓이지

투명한 몸에서 튀어나온 열 받은 숫자가
눈을 치켜뜨고 나를 향해 경고한다

투명한 등에 매일 올라서야 한다면
몸에 붙은 군더더기를 떼어내고 오란다

내 안에 저장되어 서서히 설명처럼 늘어진
쓸모없는 군더더기
그 설명을 빼는 일은 가장 어렵고도 힘든 일
한 눈금을 밀어내면 금방 되돌아오고
간신히 1킬로그램을 밀어내면
다시 또 제자리로 슬쩍 복귀하는데

오늘도 나는
한심한 군더더기를 욕심껏 끌어안고 기우뚱 간다.

길도 나이를 먹는다

하얀 뼈를 감싸고 있는 길의 등엔
하얀 화살이 수없이 박혀있다
화살에 포로가 되어 따라가는 자동차들은
쉴 새 없이 길의 등을 핥고 간다

성성했던 길은 닳고 닳아
하얀 뼈마디가 흐릿해지고
길도 나이가 들었는지 거우듬하다

그 위로 자동차가 갸우듬히 지나가고
사람들도 기우뚱 걸어간다
흐릿하게 이어진 하얀 등뼈를 밟고, 나는
파란 숫자에 맞춰 지나가야만 한다

내 등에 숨어있는 뼈가된 나사못 네 개
시큰거리는 뼈근한 몸은
파란 숫자에 의존한 채 허든허든 건너간다.

11월

길가에 접혀있는 비릿한 통증
뭉툭 짧아진 해는
나무들의 귀를 외면한 채 빠르게 저문다

화살 자국처럼 뼛속까지 옹이 박혀
훤히 들여다뵈는 나무들의 골격
제각기 아픔을 딛고
계절 앞에 나란히 서 있으면

불쑥불쑥 불어대는 막새바람은
나란히 서 있는 11월의 허리를 얄궂게 파고든다.

|해설|

세계에 대한 연민과 생명, 희망의 노래

허형만(시인. 목포대 명예교수)

봄 강을 통째로 삼킨 안개는, 속이 거북해 보였다
잠시 후, 햇볕이 등을 쓰다듬자
꾸역꾸역 강물을 토해내는 안개의 입
하얀 혀 자국을 스스로 지우면서 서둘러 사라지고
안개에 시달렸던 봄 강은
상처 난 흔적이 보이지 않았다

― 이오례, 「안개와 봄 강」

1.

이오례 시인은 "순수한 마음으로 대상을 바라보고 거기서 얻은 맑은 정기를 다시 자신의 내면에 흡수하는 시인"(이숭원 문학평론가)이라는 평가를 받은 바 있다. 이러한 평가는, 시적 대상을 바라보는 시인의 마음이 어린아이처럼 맑고 순수하다는 의미로 해석된다. 문학적 성향의 최초의 흔적들을 찾아야 한다면 어린아이들에게서 찾아야 한다고 말한 사람은 프로이트다. 프로이트는 "어쩌면 우리는 놀고 있는 아이야말로 자기만의 세계를 창조하고 있다는 면에서, 혹은 좀 더 정확히 말하자면, 그 세계의 사물들을 새로운 질서에 맞추어 자신의 취향에 따라 배치하고 있다는 면에서 마치 한 사람의 시인처럼 행동한다고 말할 수 있을 것"이라고 말한다. 프로이트의 이 말은 곧 문학 창조자는 결국 놀이를 하는 어린아이와 동일한 것을 하고 있음을 의미한다고 할 때 이오례 시인 역시 이번 여섯 번째 시집에서도 맑고 순수한 어린아이와 같은 마음으로 세계(시적 대상)를 보며 세계에 대한 연민과 생명성, 그리고 희망을 노래하고 있다.

> 종이상자 한 장 펴놓고
> 짐짝처럼 부려진 휜 허리가
> 마모되는 세월을 온몸으로 지탱한다
>
> 농산물 그림을 앞뒤로 훑어보고
> 덩치 큰 종이박스를 더디게 압축한다
> 휘어진 통증이 밀려오는 줄도 모르고
> 손에 군살이 박힌 줄도 모르고
>
> 한결같이 빈 종이박스를 모아주는
> 골목시장 상인들은 안다

종일 할머니를 힘들게 하는
빳빳이 날 서 있는 상자 상자들
한 끼 따듯한 밥이 된다고 생각하면
마음이 짠하다

오후 세 시가 되자
낡은 손수레엔 고된 노동이 삐죽삐죽 묶여
아픈 골목이 자꾸만 휘어지는데
　　　　　　　　　　　－「고단한 골목」 전문

　이오례 시인은 "종이상자 한 장 펴놓고/ 짐짝처럼 부려진 휜 허리"의 "할머니"를 연민의 마음으로 관찰한다. 연민憐憫은 기본적으로 불쌍하고 가엾게 여기는 마음을 말한다. "마모되는 세월을 온몸으로 지탱"하면서 "휘어진 통증이 밀려오는 줄도 모르고/ 손에 군살이 박힌 줄도 모르고" "덩치 큰 종이박스를 더디게 압축"하는 할머니의 삶은 "골목시장 상인들"에게도 시인처럼 같은 연민의 마음을 보인다.
　그러나 이 시는 단순히 시인과 골목시장 상인의 연민의 정만을 나타내려 하지 않는다. 왜냐하면 이 시에는 주인공인 할머니와 골목시장 상인으로 대변되는 소시민, 민중을 상징하며, "덩치 큰 종이박스"의 "빳빳이 날 서 있는 상자들"은 상업적 권력을 상징하기 때문이다. "고단한 골목"이라는 제목은 곧 "아픈 골목"으로써 폐지로 생계를 이어가는 할머니로 상징되는 가난한 서민의 삶이 이 시대에도 얼마나 처절한가를 시인은 말하고 있다.

이 할머니의 고단한 삶의 이야기는 「각 풀다」에서도 드러난다. 이 시 역시 배경은 "작은 골목시장"이다. 제목 "각 풀다"는 "지역의 특산물을 소비한 박스"의 "각진 모서리가" 풀리고 있다는 말이다. "하루도 거르지 않고" 수거하는 할머니의 "고된 노동"은 손수레에 "산더미 같은" 노동으로 대체되면서 앞의 「고된 골목」과 연계된다.

>나무가 있는 길이면 무조건 좋았다
>그래서 그 길이 자꾸만 걷고 싶은 것이다
>나뭇가지가 제멋대로 뻗어
>허공이 혼잡한 나무일수록 계절이 바뀔 때면
>그 운치를 올려다보며 생각을 조율하곤 했다
>
>이월 어느 날
>커다란 나무가 뭉텅뭉텅 잘려 나갔다
>몸통만 일렬로 서 있는 상처 입은 나무
>쓰라린 생살이 훤히 보인다
>
>잘려 나간 나뭇가지엔
>까치집도 철거된 것이다

잠시 외출 나갔던 까치들이 돌아오면
　　집 찾느라 목 아프게 울겠다
　　철거된 까치집도 잘려 나간 아픔도
　　새살이 돋고 제 모습 찾으려면 몇 년은 걸리겠다

　　장승이 서 있는 듯 섬뜩한 길
　　상처 난 나무가 휑하니 아파 보이는 계절이다.
　　　　　　　　　　　　　　　 -「잘려진 나무」전문

　이오례 시인은 사람뿐만 아니라 자연에 대한 연민의 정도 잘 보여주고 있다. 이 작품은 전반부 2연과 후반부 2연으로 나누어 사유해볼 수 있다. 전반부는 "나무가 있는 길이면 무조건" 좋아서 "그 길을 자꾸만 걷고" 싶다는 시인은 그 이유를 "나뭇가지가 제멋대로 뻗어/ 허공이 혼잡한 나무일수록 계절이 바뀔 때면/ 그 운치를 올려다보며 생각을 조율"할 수 있기 때문이라고 말한다. 나무의 생명성에 대한 예찬이며 동시에 나무와 시인의 동화를 드러낸다. 그러나 "이월 어느 날/ 커다란 나무가 뭉텅뭉텅 잘려" 나간 모습에 경악을 금치 못한다. "몸통만 일렬로 서 있는 상처 입은 나무/ 쓰라린 생살이 훤히" 보였기 때문이다. 몸통만 남고 가지는 모두 뭉텅뭉텅 잘려 나간 모습에서 시인은 나무의 아픔을 자신의 아픔으로 치환한다. 이는 시인의 나무에 대한 연민의 정이 솟아오른 것이다.

 후반부는 이 연민의 정이 구체적으로 묘사되고 있다. "잘려 나간 나뭇가지엔/ 까치집도 철거"되었음을 발견하고, "잠시 외출 나갔던 까치들이 돌아오면/ 집 찾느라 목 아프게" 울 것을 생각하면 시인의 마음은 쓰리다. 나무가 "잘려 나간 아픔도/ 새살이 돋고 제 모습 찾으려면 몇 년은" 걸릴 것이고, 철거된 까치집도 새로이 지어지려면 역시 몇 년은 걸릴 것을 생각하는 시인의 자연과 생명 사랑이 가슴 아리게 하면서 동시에 시인의 자연에 대한 존재 의식이 뚜렷하게 드러난다. 세계와의 관계 속에서 인간의 오만함과 무모함을 은연중에 비판하면서 고발하는 시인의 시정신 또한 존재 의식을 강하게 뒷받침한다.

 왜냐하면 이오례 시인의 세계에 대한 연민은 오리털로 된 이불을 덮으면서 "수십 마리의 울음이 잦아들 때까지 겨울밤은/ 오리들의 아픔을 꼭 끌어안기로"(「오리털 이불」) 한다던가, 낙엽 쌓인 길에서도 "길에 납작 엎드려/ 켜켜이 쌓여가는 그리움을/ 사색의 계절이라고 함부로 밟지"(「낙엽」) 말라고 호소한다. 또한 등나무 아래 긴 의자가 "술에 취해 가눌 수 없는 남자의 몸을/ 덥석 부축하여 눕히는"(「등나무와 긴 의자」) 광경은 우주가 하나라는 인식이 깔려 있음에서이다. 이 점은 파도가 "덥석 몽돌을 껴안"는다든가 "몽돌과 파도는 상극처럼 보이지만/ 아무 때나 달려와 막무가내/ 비릿한 애정 표현 과감히"(「파도」)하는 우주 생명들의 사랑으로 승화되기도 한다.

2.

　이오례 시인의 세계에 대한 연민의 정이 우주 생명들의 사랑으로 승화될 수 있는 근저에는 세계에 대한 생명의식이 두드러지기 때문이다. 이오례 시인만이 갖고 있는 세계에 대한 진정한 감각의 새로움은 시적 성취를 이루는 근본으로 작용한다. 다시 말해 감각의 교감이 이루어질 때 우주와 인간과의 관계 속에서 새로움으로 다가온다는 말이다.

　　　밭두렁을 점령한 호박넝쿨들
　　　호박잎 사이사이
　　　그리움의 이야기가 정겹게 피어있다

　　　할머니 품인 양 노란 꽃잎에 날아와
　　　투정 부리듯 보채는 꿀벌들
　　　손자처럼 끌어안고 종일 심심할 틈이 없겠다

　　　진한 모성애를 느끼듯 밭머리엔
　　　할머니의 분신들이 둥글 삐딱 떼라도 쓰는지
　　　제멋대로 앉아있는데

칭얼대는 허기진 소리만 들린다

잎 하나 씨 한 알 버릴 게 없다고
쓸모 있는 존재라며 할머니는
호박 탯줄을 뚝 뚝 자른다
목구멍이 포도청이여!
주름이 선명할수록 더 단단하고
속이 꽉 찬 거라며…

가을 밭머리엔 할머니의 야윈 그리움이
구부정한 밭두렁을 둥글둥글 품고 있다

— 「밭머리에서」 전문

  마르셀 프루스트는 "참된 발견의 항해는 새로운 풍경을 찾는 것이 아니라, 새로운 눈을 가지는 것"이라고 말했다. '새로운 눈'은 시인에게 필수적인 시적 안목이다. 이오례 시인이 발견한 '눈'은 "밭두렁을 점령한" 호박잎과 노란 호박꽃, 호박꽃 속의 꿀벌, 그리고 이 밭두렁이라는 공간에서 "호박 탯줄을 뚝 뚝 자르는" 할머니(지금은 계시지 않아 그리운)이다. 때 되면 응당 볼 수 있는 당연한, 어찌 생각하면 하나도 새로운 것 없어 보이는, 밭두렁과 호박잎과 할머니일 터이지만 시인의 눈에는 이 모든 풍경이 생명이 넘치는 새로운 환희로 보인다는 점에서 마르셀 프루스트의 말을 떠올리지 않을 수 없게 한다.

 이 시가 우리에게 감동을 주기에 충분한 것은 바로 시인의 시적 인식이다. 예컨대, 꿀벌과 호박꽃과의 만남을 "할머니 품인 양 노란 꽃잎에 날아와/ 투정 부리듯 보채는 꿀벌들/ 손자처럼 끌어안고 종일 심심할 틈이 없겠다"라든가, 할머니가 "잎 하나 씨 한 알 버릴 게 없다고/ 쓸모있는 존재라며" "호박 탯줄을 뚝 뚝" 자르는 모습 등은 이오례 시인의 시적 인식이 우주 자연 친화와 생명성을 기반으로 하고 있음을 증명하기에 충분하다. 다시 말해 시인의 순정純正한 시적 인식과 상상력을 만날 수 있다는 말이다. 이 점에서 서정시는 포용의 힘을 갖고 있다.

 언어는 사색의 바탕이다. 사색은 하이데거에 의하면 존재가 언어가 되는 터전을 제공한다. 언어와 사색의 이 근본적인 접근성은 근본적인 우주와의 교감을 드러낸다. 즉, 연꽃을 "여름이 보낸 신호를 재빠르게 알아차리고/ 푸른 줄기 붙잡고 필사적으로 탈출했다며/ 청아하게 웃어 보이는 우아한 꽃"(「연꽃을 보며」)이라고 표현하거나, 봄비를 "흙 속으로 조용히 스며들어/ 모든 생명을 자식처럼 키워낸다"(「봄비」), 그리고 "입춘이 지나자/ 추운 바람도 다소곳해지고/ 흙문을 닫아건 화단에서/ 여린 풀잎이 하나 둘 기척을 한다/ 화단에 납작하게 퍼진 자잘한 풀꽃/ 건조했던 흙이 생기가 돌면서 생긋 웃는다"(「화단」) 등에서 시인의 시적 사유의 힘을 읽을 수 있다.

    콘크리트 바닥에
    선명하게 펼쳐진 수묵화 한 점
    형식 없이 자유롭게 그려져 있다
    가만 들여다보니
    꽃 그림도 있고 눈물방울도 있다
    농담濃淡 색이 연했다가
    점점 진해지는 독특한 그림
    순수한 그림의 주인공은
    벚나무가 흘린 눈물이었다

    꽃잎 떠나보낸 자리에
    먹물 둥글게 채워가며 아픔을 간직한 것일까
    벚나무가 아픈 멍울 떨어트릴 때마다
    무심코 지나가는 신발들은 붓이 되었던 것

    화려했던 기억을 표시해 둔 것일까
    잘록해진 유월의 발등 위에
    먹물 같은 눈물 툭 툭 터트리는 벚나무는
    수묵화 그림을 종일 덧칠한다

    길의 혀도 어느새 거뭇거뭇 물들어가고
    길은 어린 날의 기억을 더듬는 중이다.

– 「길 위의 수묵화」 전문

이오례 시인은 "콘크리트 바닥"의 버찌가 밟혀 새카맣게 수묵화처럼 자리하고 있음을 예리하게 관찰한다. 콘크리트 바닥에 떨구어진 버찌는 시인에게 벚나무가 "꽃잎 떠나보낸 자리에/ 먹물 둥글게 채워가며 아픔을 간직한 것", 벚나무가 떨어트린 "아픈 멍", "화려한 기억" "눈물" 등으로 치환하면서, 사람들이 버찌를 밟고 지나간 흔적을 수묵화로 상상한다. 이 상상의 힘은 콘크리트 바닥이라는 장소에서 이루어진다. 하이데거는 "장소는 인간의 실존에 있어서 바깥과의 끈과 인간의 실재성의 깊이를 해명함으로써 인간을 자리 잡게 한다."라고 말한다. 시인은 이 장소의 "무심코 지나가는 신발들은 붓이 되었던 것"을 그냥 지나치지 않고 인간과 으깨진 버찌의 실체성을 눈여겨보는 심미안을 우리에게 보여준다.

이오례 시인의 심미안은 벚나무가 자신의 열매인 버찌를 "먹물 같은 눈물 툭 툭 터뜨리"고, "수묵화 그림을 종일 덧칠"하는 생의 과정을 "길"의 이미지로 확장한다. 이는 셰이머스 하니의 시 「블랙베리 따기」에서 비와 햇빛을 흠뻑 머금고 잘 익은 블랙베리가 "진한 포도주인 양 여름의 피가 그 안에 있는" "굶주린 욕망"으로 사유하는 것과 같은 이미지이다. 버찌가 갖고 있는 생명성은 사람들의 신발에 무참히 짓밟

히지만, 시인의 눈에는 그 짓밟힘이 길 위의 수묵화라는 또 하나의 풍경, 길이 "어린 날의 기억을 더듬는" 흔적으로 확대하는 힘을 보여준다.

이처럼 이오례 시인이 바라보는 풍경은 J. P. 리샤르가 『詩와 깊이』에서 "인간이 왕래할 수 없는 풍경이란 없다"라는 말을 떠올리게 한다. 리샤르는 말한다. "사물들을 인간화하는 것, 그것은 먼저 사물들을 방문하고 사물들 사이에 교류의 길들을 추구하게 하는 것이다. 길은 가장 활발한 몽상들 사이로 곧은 線을 뻗게 한다. 길은 표류의 한가운데서 부동의 방향의 흔적을 자리 잡게 한다"라고.

이러한 의미에서 겨울철이면 그 모습을 드러내는 "나목 우듬지에/ 거칠게 엮어 지은 축구공만 한 까치둥지"(「공중에 걸린 정원」)라든가, "슬프도록 새하얀 이팝나무 그늘에 서 있으면/ 전설 속의 주인공은 꽃으로 아른거리는데/ 그 허기진 눈물, 한이 되어/ 쌀밥 닮은 새하얀 꽃으로 피어난 것"(「이팝나무꽃」), 그리고 "밤새 산을 노리고 도사렸던 거대한 운무/ 아침을 기다렸다는 듯 스멀스멀/ 산자락을 덮치더니 제 몸집보다 더 큰/ 산 몇 채를 순식간에 삼키고 있었다"(「운무」) 등은 이오례 시인만이 왕래한 풍경이 아닐 수 없다.

3.

 인간의 삶은 곧 희망이다. 희망이 없어도 희망하며 사는 삶은 아름답다. 특히 시인에게 있어서 더욱 그렇다. 『베르나르 베르베르의 상상력 사전』에는 "인간은 아직 알지 못하는 것을 대할 때 가장 큰 두려움을 느낀다. (…) 인간은 미지의 것을 두려워하면서도 그런 것을 대면하기를 바란다."라는 말이 있다. 이 말은 두려움과 대면이라는 양극성을 통해 인간은 희망을 찾는다는 의미로 해석된다.

> 소원을 안고 말 못 할 근심 안고
> 묵언으로 머무는 산사 앞마당엔
> 사연의 무게 알 수 없는
> 간절한 가슴들이 있다
>
> 소원이 이루어진다는
> 가파른 마애석불로 가는 길엔
> 고요 속에 정갈히 매단 염원의 꽃등이
> 공손히 길을 내려다보며 안내하는데
> 숨소리도 잠시 쉬었다 간다
>
> 눈썹바위 앞에 서면
> 삶의 껍질 한 겹씩 벗겨지듯

시간의 문은 서서히 열리고

　　마애불 앞에 지그시 눈 감은 사연들

　　겸손히 모은 염원의 손 간절하다

　　근심 있는 중생들은 오늘도

　　밤이 깨어날 때까지

　　산사 앞마당을 고요히 서성이리라.

-「산사에서」전문

　이 시의 배경은 사람들이 "소원을 안고 말 못 할 근심 안고" 기도하기 위해 찾아가는 산사이다. 수능이나 대학 입시 철이면 그렇고, 가정사나 개인사나 어떤 사연을 안고 절을 찾는 사람들은 희망을 이루기를 꿈꾼다. 이들은 각자 "사연의 무게는 알 수 없지만" 한결같이 "간절한 가슴"으로 희망을 빈다. 이들이 찾아가는 곳은 법당 안의 부처님이 아니라 "가파른" 길을 올라가야 만날 수 있는, 돌에 새겨진 "마애석불"이다. 이곳으로 가는 길에는 "고요 속에 정갈히 매단 염원의 꽃등"이 걸려 있고, 이 꽃등은 마애석불을 찾아오는 이들에게 길을 안내하는 역할을 한다.

　희망을 바라는 이들이 다다른 곳은 "눈썹바위"에 새겨진 마애석불이다. 마애석불 앞에 서면 소원을 비는 사람들의 "삶의 껍질 한 겹씩 벗겨지듯/ 시간의 문은 서서히 열리고", 지그시 눈 감고 합장한 "염원의 손"은 점점 간절해진다. 희망을 꿈꾸는 일, 희망이 없어도 희망하는 간절함은 "밤이 깨어날 때까지/ 산사 앞마당을 고요히 서성"이는 모습에서 더욱 극대화된다. 이와 같은 희망은 이오례 시인이 발견하는 모든 사물에서 동일하다. 즉, "나른한 햇볕이 수직으로 내려오는 날/ 우아하게 발설하는 기분 좋은 달콤한 향기"(「치자나무」)에 무뚝뚝한 집안이 환해지는 것, "봄밤, 잔뜩 웅크린 채 잠을 설치더니/ 나뭇가지마다 꿈틀꿈틀 봄볕에 부화되는/ 새인 듯, 꽃인 듯,/ 새하얀 몸 일제히 펼치는"(「새인 듯, 꽃인 듯」) 하얀 목련이 그렇다.

> 가을걷이가 끝나고 보리 씨앗을 파종한 논엔
> 눈이 덮였다 녹았다 반복되는 추위에도
> 보리의 싹은 얼어 죽지 않았다
>
> 이월이면 식구들을 어김없이
> 논으로 불러내는 아버지
>
> 겨우내 얼었던 흙이 녹으면서
> 들떠 있는 뿌리를 꾹꾹 밟아야만
> 보리가 살아난다는 아버지의 말씀
>
> 꾹꾹 밟아야만 살아나는 보리

그렇게 이모작이 가능했던 축축한 논에서
허리 휘도록 아버지는
자식들을 위해 어려운 시절을 먹여 살렸다.

– 「보리밟기」 전문

　이오례 시인의 체험은 "이월이면 식구들을 어김없이/ 논으로 불러내는 아버지", 그리고 "겨우내 얼었던 흙이 녹으면서/ 들떠 있는 뿌리를 꾹꾹 밟아야만/ 보리가 살아난다"는 생명의 힘을 온몸으로 가르치신 아버지의 말씀을 떠올린다. 아버지가 보리밟기를 시키신 이유는 "눈이 덮였다 녹았다 반복되는 추위"에도 보리의 싹은 얼어 죽지 않으나 "겨우내 얼었던 흙이 녹으면서/ 들떠 있는 뿌리를 꾹꾹 밟아야만/ 보리가 살아"나기 때문이다. 그렇다. 이오례 시인은 "꾹꾹 밟아야만 살아나는 보리"를 통해 생명의 힘과 희망을 배운 것이다.

　이오례 시인은 상체가 잘려 나가고 하체만 남은 나무 그루터기에서도 "상체 없는 숯덩이 같은 하체에서/ 세포들이 간당간당 되살아나는"(「그루터기의 힘」) 생명력과 희망을 본다. 거꾸로 매달린 고드름에서도 "꽁꽁 얼어붙은 날이면 봄을 생각한다/ 봄 가슴에 와락 안기어/ 응축된 몸 자유롭게 흘러가고 싶"(「고드름」)어 하는 희망을, 겨울이 채 가시지 않은 2월의 나무를 보면서도 "땅속 깊이 너의 발뿌리는/

우듬지까지 힘껏 수분을 흡수시키면서/ 힘겹게 품고 있는 소리를 끝내는/ 감동의 문장으로 풋풋하게"(「2월의 나무」) 보여주리라는 희망 또한 놓지 않는다. 시적 사유의 깊이가 그만큼 깊다. 이러한 희망은 "굽이굽이 아픈 사연 안고/ 이산의 응어리를 퍼렇게 풀어헤치며/ 그리움으로만 애타게 흘러가는 한탄강"(「한탄강에서」)을 보며 마침내 통일을 꿈꾸는 데까지 나아간다.